U0014657

本書所有者

如果撿到此書，請用以下方式聯繫

一個人的約會

敲擊心靈、吐露願望、建立美好關係的 **24** 個書寫練習

湯姆·鮑伯西恩———著
Tom Bobsien

楊婷湞———譯

重要提示

書中的練習和內容都經過精心設計。讀者可自己決定是否採用與採納多少書內提供的建議。Zwei Leben GmbH 不對人身、物質和財產損害承擔任何責任。

放下手機，省思自我

目錄

前言

　　整個世界在過去的十幾二十年裡歷經了前所未有的變化。網路的流通讓你當下立即就能觸及數百萬則的訊息，數千個建議馬上跳出在你的眼前，舉凡如何選擇自己的職涯和人生的方向，怎麼吃才最健康，安排一場約會的方法等等。

　　總是不離身的手機應該能提供絕大多數問題的解答。你知道嗎？就算每天「只」花兩個小時滑手機，一年下來大約就占去你整整一個月的時間。

　　藉著本書，我想發一張邀請卡給你，邀請你減少花在手機上的時間，更踏實地生活；邀請你停止滑動手機螢幕，開始自我省思，藉此認識自己，覺察你是一個什麼樣的人，想變成什麼模樣。雖然網路世界能供給數不清的答案，但是自我省思卻能幫助你回歸自我，找到你要前往的方向。

　　達成個人完美境界並不是本書的理念。這本書要陪伴你，再度喚醒充滿創意的自我本能。

　　本書對成功的定義是：做你自己，取悅自己，感覺自己能實現人生中有意義的事，無論是什麼樣的事，答案就在你的心中。

　　希望你會喜歡和自己約會！

從前從前……

……有一位男子辭掉了工作，帶著所有積蓄和一只背包前往東南亞旅行，為了讓腦袋放空，為了尋找樂趣，還有，為了找到自己。他體驗了頂級的沙灘派對，認識了來自世界各地有趣的人士，親眼見證嘆為觀止的自然奇景，探索當地最美的地方。每日早晨，他先啜飲新鮮的椰子汁，在令人屏息讚嘆的瀑布裡沐浴，大口吃著鬆餅配上楓糖漿，然後再去游泳。簡單說：他正在享受人生。

但其實……

在回程的前兩天，他帶著許多初次體驗和印象，花光了帶來的錢，坐在飯店的大廳，就在聚集了百萬人口的大都會曼谷市中心。他一臉憂愁地坐在酒吧的高腳椅上，兩眼緊盯著平板裡的影片。一名女酒保朝他走來並開口詢問：「先生，您還好嗎？需要我為您服務嗎？」這名年輕男子不得不在回答之前先思考她的問題。

「我很好，好像又不太好，我現在的思緒一片混亂。過去兩個月裡，我度過了人生最美好的時光，眼下我卻感到不快樂，為什麼會這樣？」

女酒保遞給他一杯汽泡水配上一片檸檬，接著從冷凍櫃裡拿出冰淇淋。她問：「你為什麼來亞洲呢？」男子說：「我辭掉了工作，想要找到自己，想找出自己要走的路。」「哦，原來你也是這樣！很多西方國家的人來到亞洲為了尋找自己，成

功的人卻少之又少，因為這裡許多迷人的事物分散了他們的注意力。無論是在家鄉或是這裡，他們都無法獨處，視線也無法離開手機。你可以問問自己，就是現在，在這裡，答案就在你心裡，並不在亞洲這塊土地上。」

這位年輕的男子思考了一會兒女酒保的話。接下來的幾天裡，只見這名男子坐在酒吧的高腳椅上，手中拿著筆，桌上還有一張紙。在這家位於曼谷的飯店大廳裡，他奮筆疾書，寫滿了無數張的白紙。

傍晚時分，女酒保看到這名男子一臉笑容隱身進入自己的房間。方才他真正頭一次和自己約會。

不意外你已經猜到了：那名年輕男子就是我，本書的作者。

我寫下這些的時候，已經有超過兩萬人和自己約會過，感謝如此般的踴躍參與。同時我想告訴你我內心的想法：可能你興致勃勃地想要發掘更多的自己，想知道你是誰，人生該何去何從，或是應該放下哪些事。

在尋找自我和省思的過程中，我有幸能有具體的斬獲，這些收穫無時無刻都記在我的腦海裡。或許我的經驗也能成為你學習的借鏡。

這麼說或許更貼切：自我反思，而非打造完美的自己。

想變得更美？買個美容產品。
想變得更有效率？嘗試新的技巧方法。
想讓身材變得更好？喝一下零卡奶昔。

現在，每種問題都能找到相應的解決辦法，基本上這是一件好事，同時也會帶來壓力，特別是當我們周遭的人事物總是毫無缺點。或許你想著是不是要更注重外表和身材，顯現完美的一面，好讓別人喜歡我；或者，你必須展現更高的效率，在工作上表現出更優秀的一面，可是其實你根本不想這麼做，但心裡明白別人會因此佩服你。諸如此類的行為只會蒙蔽我們的心靈，因為這一切都不是你打從內心渴望的東西，是你認定別人會讚賞你的一百分形象。不過，別人的想法並不重要，而是你怎麼想！

這本書不談如何快速成功，而是想告訴你怎麼親身感受自己每日的進步。重點是接納自己的模樣，不必刻意尋找快樂，從此你就會開始蛻變。不斷蛻變是一種正向的想法，維持完美反而不切實際。記得，你一定要問自己：我這麼做快樂嗎？還是讓自己有壓力了呢？

本書將陪伴著你對自己一五一十地提問，並找出只屬於你的答案。

給你的邀請函

　　準備好踏上尋找自我的旅程了嗎？和自己約會將會帶給你滿滿的收穫和獨一無二的體驗。出發之前，請先替自己找一個休息的地方，一個能讓你拋開腦袋裡既有想法，接納新觀點的地方。

休憩之處

　　下列哪個地方能讓你休息？或是寫下你認為最特別的地點。

☐ 家裡	☐ 山裡	☐ 游泳池
☐ SPA	☐ 公園	☐ 廢棄地點
☐ 飯店	☐ 小船	☐ 沙灘
☐ 海邊	☐ 陽台	☐ 餐廳
☐ 咖啡店	☐ 森林	☐ ....

　　找到了嗎？能讓你不受干擾和自己約會的地方。答案和你需要的一切就在你的心裡。通往仙境和藏寶地點的路線圖或許就藏在你內心不知名的角落，現在就踏上通往內心的旅程，隨著你的發現前進。

你的起點

原則上，要用你感到自在的方式和自己約會。當你按照順序完成了每一個練習時，就會從書中找到精髓。刻意花點時間，無論是在腦海中還是現實生活裡，前往專屬你的休憩之處。放下手機，心無旁鶩關注自己並投入練習裡。

現在你展開了尋找自我的旅程，在此時此刻檢視當前的生活狀態，挖掘自己的優點和缺點，發現會讓你開心的事物。接下來，請你把視線轉向過去，你將會因此看清一路以來生命中的起起落落。

最後想像你的未來，讓你明白自己實際的願望和夢想，並且掌握逐夢的踏實方法。最終，你會帶著對自己的全新認識和打造往後生活的動力，再次回到現在。

本書編排方式

　　在現在、過去和未來的每一個章節開始，都會有一個針對該生活階段的引導提問讓你暖身，接著會有數個練習，每個章節的編排都一樣。首先，你會知道這個練習被安排在書裡的原因，以及它能為你帶來什麼。

　　接著講解練習的方法。會有一小段格言給你初步概念，明白練習要怎麼做，並且會一再提醒你，所有答案都在你身上。

　　進入練習前會有一個與主題相關的引導提問，你可以在腦海裡回答或寫下答案，這也是在問題頁面上下預留充分空白空間的原因。

　　然後就進到主要的練習，每個練習都很好操作而且清楚易懂。

　　好好享受這段旅程！做完每個練習後，我們會邀請你走入內心，看看你是否已經從自己身上發掘出前所未有的一面。

自我省思的步驟

檢視現在的你

我是誰

打造未來的你

什麼才是我真正想要的？

回顧過去的你

我如何成為現在的我？

檢視

現在的你

?

你在什麼時候會感到特別快樂？

#1

檢驗你自己

好處：

明白自己對目前生活的滿意程度，並且能發現待癒合的
舊傷。

有哪些事情進展順利？哪裡還需要改進？幾個簡單問題
能幫助你了解目前的生活情況，希望你能誠實回答。

有些問題可能會觸發某些感受，有些可能無法作答。記
得，所有的狀態都有可能改變，條件是唯有你想要改
變。這個練習就是改變的起點。

你現在很好，是時候掌控自己的人生了。

?

你會給自己的生活打幾分？

	否		偶爾		是
你對自己感到滿意嗎？	☐	☐	☐	☐	☐
你覺得自己健康嗎？	☐	☐	☐	☐	☐
你覺得自己的身材合宜且有力嗎？	☐	☐	☐	☐	☐
你喜歡自己的外表嗎？	☐	☐	☐	☐	☐
你的飲食均衡嗎？	☐	☐	☐	☐	☐
你的睡眠品質良好且充足嗎？	☐	☐	☐	☐	☐
你喜歡每天早起嗎？	☐	☐	☐	☐	☐
你時常面帶微笑嗎？	☐	☐	☐	☐	☐

	否		偶爾		是
你滿意自己的人際關係嗎？	☐	☐	☐	☐	☐
你滿意自己的性生活嗎？	☐	☐	☐	☐	☐
你是否有可以長久信賴的朋友？	☐	☐	☐	☐	☐
你和家人之間的關係良好嗎？	☐	☐	☐	☐	☐
你滿意自己的工作發展嗎？	☐	☐	☐	☐	☐
你滿意自己的薪水收入嗎？	☐	☐	☐	☐	☐
你有繼續進修嗎？	☐	☐	☐	☐	☐
你想遇見真正的自己嗎？	☐	☐	☐	☐	☐

#2

友情紀念冊

好處：

回顧自己想要堅持的事，極具意義又喜歡的事。

你曾經在任何一本紀念冊中留下姓名嗎？這個練習裡的
問題會幫助你釐清你所堅持、喜愛以及想要做的事。

某些問題你很快就能答得出來，有些則需要探索一下。

當下即是。

?

你最近一次挑戰全新事物
是在什麼時候？

請畫出你目前的感覺：

你的綽號：

你的交友狀況：

你最在意的事：

起床後最常出現的感覺：

最喜歡的活動：

個人自傳的標題：

你對成功的定義：

能唱出你人生的那首歌：

用一個詞來形容你的人生：

讓你難過的事：

讓你開心的事：

你最愛吃的東西：

你最愛喝的飲料：

讓你傷神費心的事：

你最大的恐懼：

你目前不斷在思索的事：

如果可以，你最想放棄的事：

#3

你的必需品

好處：

你會明白自己看重哪些事，可以放下哪些事。

你說，你是不是還留著早就不再使用的物品？家中哪些物品已經不再讓你心動，或是會讓你想起傷心的往事？

這一類物品不僅出現在現實世界中，還有那些再也無法喚起喜悅和感動的記憶，存在我們手機和電腦裡。

放下那些讓你不再心動的人事物。

?

你過去幾年裡買了哪些
真正能點綴生活的物品呢？

現實生活

你目前生活中最需要哪三件物品？

你平日最喜歡的裝扮風格？

哪樣東西能讓你開心？

跟著你最久的東西是什麼？為什麼你還保存著它？

你最喜歡的品牌？原因？

你擁有最昂貴的物品是什麼？

有哪些物品可以送人？

虛擬世界

你最喜歡哪些 APP ？為什麼？

通訊錄裡最重要的聯絡人？

哪些是你早就不再聯繫的人？

你每天平均花多少時間上網？

你的手機在平日替你做些什麼事？

讓你拿起手機的主因？

什麼樣的照片或影片讓你心情低落？

哪張照片或影片能喚起你的美好回憶？

#4

你心裡有個畢卡索

好處：

意識到自己目前的感覺，並且梳理卡住的念頭和想法。

今天你可以釋放住在你內心的畢卡索，不必管別人的評比。最理想的情況是能在畫圖時覺察某些東西。在這個練習裡，只需要你、一支筆和需要去填滿的空白畫框。為了能專心，請關閉所有的電子用品。

排除了讓你分心的東西，就可以開始畫圖了。藏在你內心的想法會一一浮現。

無論畫得好不好看，讓自己沉浸在當下繪畫的時光裡。然後帶著一個前所未有的觀點和全新的想法，讓思緒回到現實世界。

生活總是站在你這邊，不會和你作對。

?

哪個字最適合用來形容這一年？

畫一幅能完整描繪你生活的圖。

你在畫裡看見了什麼？你如何解釋它們？

畫出你現在的感覺。

你在畫裡看見了什麼？你如何解釋它們？

畫出你最喜歡自己的地方，外表或是內在。

你在畫裡看見了什麼？你如何解釋它們？

畫出在你生命裡最想放手的東西。

你在畫裡看見了什麼？你如何解釋它們？

畫出你個人認為最珍貴的東西。

你在畫裡看見了什麼？你如何解釋它們？

畫出你這一刻想到的東西。

你在畫裡看見了什麼？你如何解釋它們？

#5

花園派對的邀請卡

好處：
明白真正陪伴在你身邊、對你有意義的人。

想像你在工作上被提拔了，為了慶祝升遷，你規劃了一場花園派對並且正在安排座位。

誰會被安排在家人桌？誰坐在朋友桌？誰坐在點頭之交的位子？誰是你絕對不會邀請的人？

無論畫得好不好看，讓自己沉浸在當下繪畫的時光裡。然後帶著一個前所未有的觀點和全新的想法，讓思緒回到現實世界。

你無法改變周遭的人，但可以決定讓誰留在你身邊。

?

誰一直陪在你身邊？

花園派對座位圖

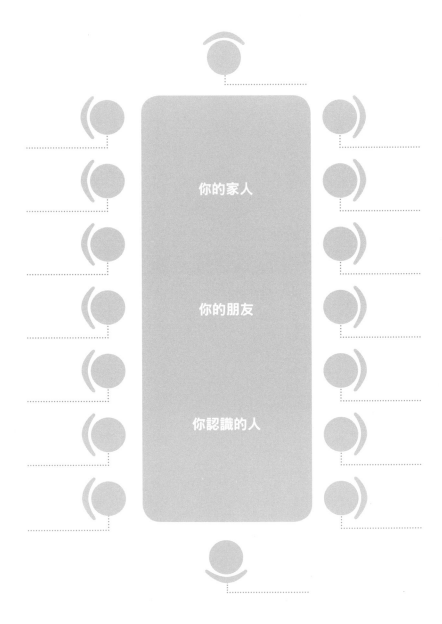

你的家人

你的朋友

你認識的人

和他們聊天的話題

和家人

和朋友

和認識的人

絕對不會邀請的人：

人	理由

#6

你的健康狀態

好處：

知道自己的健康和身體狀態，最近忽略了哪些事，想要
重拾哪些習慣。

> 健康狀態：我們通常只有在生病時才會把這件事放
> 在心上。從今天起要改變。在這個練習裡，你要分
> 析攝取食物的方式、運動的頻率、睡眠的記錄和心
> 理的健康程度。

健康的人有許多個願望，生病的人只有一個願望。

?

健康對你的意義是？

飲食

你認為健康美味的食物：

你目前最常吃的食物：

你買食物的地點：

你每天吃到的水果和蔬菜種類：

你目前的飲食方式：

運動

一週運動的頻率：

最喜歡的運動：

坐著、躺著和走路的比例（百分比）：

運動前最常有的感覺：

運動後最常有的感覺：

你擅長的運動項目：

你不會從事的運動項目：

睡眠

要多久才能入睡：

起床後的最常出現的感覺：

睡覺之前會做的事：

睡眠的平均時數：

半夜醒來的次數：

起床後會做的第一件事：

給自己的睡眠打幾分？

心理健康

遇到壓力時的表現方式：

哪些情況下會讓你感到不堪負荷：

念頭一直放不下的事：

你目前拖延的重要事件：

讓你上癮的事物：

會和什麼人討論你的問題：

給予你力量的人：

耗損你精力的人：

#7

裝滿水的杯子

好處：

發現伴隨在你生活周遭的美好事物。

你的茶杯裡一半是滿的？還是一半是空的呢？在這個練習裡，你會清楚地意識到生活中正向且美妙的人事物。你會在杯子裡裝滿樂觀、喜悅和幸福。

如果生活現狀無法盡如你意，也要在這之中找出積極的一面。總是會有一個人擁有的比你更多或更少。

沒事的，還不用急著焦慮。

?

上回有人感謝你是什麼時候？

你感謝別人給你的哪些建議？

你對哪些物品心存感激？

最近的生活順利嗎？

當前什麼樣的人事物帶給你啟發？

你最感激哪一項發明？為什麼？

你最感激自己身體上的哪一點？

有沒有個人，你想對他再說一次「謝謝」？原因是？

誰最近替你做了些事，讓你的生活變得更輕鬆？

人際關係帶給你什麼好處？

你觀察到當前社會上有哪些不錯的改變？

最喜歡你的居住地的哪一點？

哪些人事物常常逗你大笑？

你最感謝哪些科技產品？

你最感謝自己什麼？

#8

自我形象 v.s. 外在形象

好處：

發現你的長處以及可以再進步的地方。

自我形象奠基在你看待自己的方式，外在形象則是
他人怎麼看待你。首先，請先做自我評估，接著我
們想邀請你，把一模一樣的問題寄給一個十分信任
的朋友，並且請求對方誠實回答對你的看法。

有些答案一定會出乎你的意料，你能藉此重新認識
自己。如果有些答案讓你失望的話，請不要放在心
上，它們不過呈現出你自己都沒察覺的一面而已。

別人的回饋有時讓人心碎，但總能幫你一把。

?

哪些讚美的話讓你直到
今天都還念念不忘？

你眼中的自己

我是……	是／否		定義
有自信的	☐	☐	能明確表達自己的期望
有創意的	☐	☐	創造出前所未有的事物、作品或解決問題的方法
有適應力的	☐	☐	遇上新的人或是情況時能迅速調整自己
可靠的	☐	☐	遵守自己的承諾
有企圖心的	☐	☐	貫徹自己的目標
積極的	☐	☐	做當前最重要的事
有同理心的	☐	☐	設身處地為他人著想，並理解對方的行為
沉著的	☐	☐	無論外界如何紛擾，內心仍然不動如山
友善的	☐	☐	親切並且關懷他人

我是……	是／否	定義
熱心助人的	☐ ☐	樂於助人不求回報
充滿幽默感的	☐ ☐	你身邊總是歡笑不絕於耳
反應靈敏的	☐ ☐	面對言語攻擊能自信地回應並且風趣的回擊
獨立的	☐ ☐	沒有人幫忙也能搞定大小事
勇敢的	☐ ☐	即使害怕，也能好好評估風險並推動事情前進
忠誠的	☐ ☐	即使事情進行不順利仍然支持他人或計畫
誠實的	☐ ☐	坦率且真誠說出真實的想法
有耐心的	☐ ☐	能夠冷靜地等待，忍受不舒服的情況

別人眼中的你

我是……	是／否		定義
有自信的			能明確表達自己的期望
有創意的			創造出前所未有的事物、作品或解決問題的方法
有適應力的			遇上新的人或是情況時能迅速調整自己
可靠的			遵守自己的承諾
有企圖心的			貫徹自己的目標
積極的			做當前最重要的事
有同理心的			設身處地為他人著想，並理解對方的行為
沉著的			無論外界如何紛擾，內心仍不動如山
友善的			親切並且關懷他人

我是……	是／否		定義
熱心助人的			樂於助人不求回報
富有幽默感的			你身邊總是歡笑不絕於耳
反應靈敏的			面對言語攻擊能自信地回應並且風趣的反擊
獨立的			沒有人幫忙也能搞定大小事
勇敢的			即使害怕，也能好好評估風險並推動事情前進
忠誠的			即使事情進行不順利仍然支持他人或計畫
誠實的			坦率且真誠說出真實的想法
有耐心的			能夠冷靜地等待，忍受不舒服的情況

重新看待自信

好處：

今後你會更容易做出決定，吸引和你價值觀相近的新朋友，變得更有自信。接下來，你看待自己的方式會截然不同，別人看你也會完全不一樣。

你最看重的是什麼？在這個練習裡，你會從自己當前的需求中認識自己的價值觀。

被你認同或是極力追求的信念和特質就是你的價值觀。在潛意識裡，你每天依循著這些價值觀行事，然而這些觀念可以改變。

因此，建議你發現自己目前的價值觀不再正確時，再做一次這個練習。

忠於自己。

?

你最近做了
什麼重大的決定？

你看重哪些事？請圈選出來。

冒險	有貢獻	影響力
接納	受歡迎	獨一無二
認同	知名度	成功
適應力	謙遜	公平
禮節	義務	家庭
開放態度	迷人	專注力
犧牲奉獻	感恩的心	自由
毅力	謙卑	喜樂
表達能力	自律	友善
沉穩	主導權	友誼
受矚目	影響力	和平
出名	誠實	付出
持之以恆	同理心	鎮定

隨意自在	熱情	信任自己
正義感	成績	有用
勝利	學習	節省
穩定	愛	樂趣
公信力	忠誠	自發性
和諧	權力	團隊合作
挑戰	體會他人	老實
樂於助人	樂觀	財富
幽默感	秩序	信任感
清潔衛生	完美	成長
靈感	私領域	滿足感
明確性	守時	好感
合作	實事求是	可靠
創意	尊重	溫柔體貼

列出十個你認為最重要的價值觀，並用幾個字分別描述
它們對你的意義。

1

2

3

4

5

6

7

8

9

10

重新思考一次，寫下三個最重要的價值觀，想一想如何
把這些價值觀融入在日常生活中並且實踐它們。

價值觀 1：

價值觀 2：

價值觀 3：

省思現況

太棒了！你誠實地檢視了當前的生活狀態。你已經發現自己看重的人事物、支持的信念和你的優點。接著，我想請你寫下你獲得了哪些新發現。

回顧
過去的你

?

你想跟年輕時的自己
說哪些話？

#10

情緒雲霄飛車

好處：

明白自己一直以來維持相同生活模式和生活方式的原因。

做這個練習，你會找到以往人生中的高低起伏，也就是過去你曾感到快樂及難過的時刻。

首先請你針對每道問題，回答你生活中快樂和難過的往事，接著回想這一切。

也許你現在已經知道一直以來生活運作的來龍去脈和方式；大概也明白你的人生任務了。

人生的低潮是翻身的最好時機。

?

在你身上曾經發生過
哪件最美好的事？

幫助你回想人生高峰的問題

童年最美好的回憶？
過去生命中最美好的一天？
什麼樣的讚美讓你特別感動？
在什麼情況下你感到特別自豪？
讓你特別有感覺的地方？
你見過最美的事物是什麼？

幫助你回想人生低潮的問題

最糟糕的回憶是什麼？
你不顧一切大哭是在什麼時候？
你感到自己特別鬱悶是在什麼時候？
你犯過最嚴重的錯誤？
你失去了什麼？
誰曾經對你極度不滿？
讓你抬不起頭的事？

人生高峰

↑

↑

↑

↑

↑

人生低潮

↓

↓

↓

↓

↓

請標示出各別項目的前三名。

你從低潮中學到了什麼？

1 ....

2 ....

3 ....

如果低潮沒有出現會怎麼樣？

1 ....

2 ....

3 ....

今天如果再次出現低潮，你會如何反應？

1 ....

2 ....

3 ....

經歷高峰之後，你的生活有了什麼樣的改變？

1 ....

2 ....

3 ....

高峰如何影響現在的你？

1 ....

2 ....

3 ....

為了迎來高峰，你做了什麼事？

1 ....

2 ....

3 ....

#11

人生履歷 2.0

好處：

了解影響你的人事物。

> 對某些人來說這個時期很無聊，有人早就不記得
> 了，卻有些人把這個時期看作是人生的一個階段。
> 那就是你的青春。我們在青春期時嘗試過很多事
> 情，有些經驗刻骨銘心，有些早已印象模糊。
>
> 在這個練習裡，你將撰寫你的履歷，一種另類的履
> 歷，裡面要寫滿你的個人經驗和走過的時光。

人生最大的過錯是從未犯錯。

？

你小時候最喜歡在
放學後做什麼？

怎麼形容小時候的你？

求學時有哪些特別的時光？

最喜歡什麼科目？

不喜歡什麼科目？

特別記得哪幾位老師？為什麼？

誰是你當時最要好的朋友？

做過什麼類型的社會服務？

搬過多少次家？有沒有哪一次的搬家特別改變了什麼事？

你靠什麼工作賺錢？

有沒有讓你難忘的工作經驗？

你會再次選擇和現在相同的職涯歷程嗎？還是會選擇別條道路？

你曾經到過哪些國家？

哪一次是你認為最棒的旅行？

你會說幾種語言？你會怎麼運用它們？

青少年時犯下的最大過錯是什麼？從中學到了什麼？

青少年時期影響你最深的人是誰？

#12

參觀你的博物館

好處：

你可以驕傲地慶祝自己的成就，發現自己過往人生中的精采。

> 想像你的過往人生經歷就展示在一間博物館裡。你
> 站在一個挑高的大廳裡，欣賞懸掛在牆上的輝煌紀
> 錄，回顧著每個地點、人物、有趣的情境和成功時
> 刻。現在，把你的想法填在練習的空格裡。

過去不會消失，它永遠是現在式。

?

誰對你的過去瞭若指掌？

第一次約會

第一次接吻

第一次做愛

第一段交往

頭一回有
愛情的煩惱

最了不起的事

從前想成為
什麼樣的人

永遠不會
忘記的事

小時候的嗜好

最美好的一天

小時候心目中
的英雄

最尷尬的經歷

最喜歡的地方

最喜歡的電影

最喜歡的影集

最喜歡的書

#13

心目中的（非）榜樣

好處：

你從某些達到成就地位的人身上學到自己要前進的方向，並且看出他們的成功模式。

在這個練習裡，你首先要找出兩個心目中的榜樣。好榜樣是啟發你的人，或是你想達到的境界；壞榜樣則是你絕對不想效法的人。

然後請你研究他們如何達到現在的位置，並且思考你能從他的方法中學到什麼。

如果你沒有作為，一切都不會改變。

?

你想和誰一起吃午餐？

你心目中的好榜樣：

這個人特別吸引你的地方？

對方如何變成現在這個樣子？

他的童年過得如何？

你能從他的身上學到什麼？

在日常生活中，你如何借鏡對方的經驗？

你心目中的壞榜樣：

你不認同對方的哪些行為？

對方如何變成現在這個樣子？

他的童年過得如何？

你能從他的身上學到什麼？

在日常生活中，你如何借鏡對方的經驗？

#14

從出生那天起

好處：

了解父母教養你的方式，以及你怎麼一步步成為現在的你。

> 一般來說，父母是幼年時期影響我們最深的人。父母陪伴著你長大，你和他們度過大半的童年時光。正當你習慣了父母的長時間陪伴，隨著青春期到來，你邁入改變的階段，你反抗、不顧一切想達成你的目的。當你脫離這個時期成人以後，才能和父母再度建立起良好的互動。他們也許不需要學習如何正確教養孩子。但在大多數時候，他們盡力成為完美的父母，做著他們認為正確的事情。
>
> 假使他們的某些作為和你的想像與期待背道而馳，請你原諒他們，你會因此而釋懷。
>
> 你將會在這個練習裡回顧你和父母之間的關係。

真正的愛不需要條件。

?

假如今天是你最後一次見到父母，
你想對他們說什麼？

你對＿＿＿＿的第一個想法

媽媽：

爸爸：

你的童年：

小時候和父母的關係如何？

互動良好

有好有壞

有待改善

媽媽　　　　　　　　爸爸

現在和父母的關係如何？

互動良好

有好有壞

有待改善

媽媽　　　　　　　　爸爸

什麼時候父母對你來說無比重要？

有沒有你想請求他們原諒的事？

你的父母曾經禁止你做什麼事，因而惹怒了你？

有沒有你從來沒跟父母透露的事？

在教養孩子上，你可能會採取哪些和父母不一樣的做法？

#15

找到內在的平靜

好處：

寬恕自己和他人，你會感受到內在的平靜並且與自己和解。

有沒有一些人，無論你何時想起他們，心中仍然滿腔怒火，因為他們曾經傷害了你或你最愛的人？

過去的事無法改變，因為事情已經發生。這些人那麼做也一定有他們的理由，可能他們沒有更好的辦法，或者當下他們以為這麼做沒有錯。然而，最重要的是你能擺脫憤怒的情緒，開始學著寬恕他人。這個練習能幫助你放下對這些人的負面想法和情感，讓你敞開心胸，坦然迎向未來。

你想原諒的人是誰？被原諒的人也可以是你自己。

寬恕是停止祈求改變過去。

?

哪個衝突事件讓你成長了？

寫一封信給你想原諒的人。描述讓你受傷且感到不滿的事發經過，寫下你內心的控訴。

親愛的_____

現在，打從心裡放下所有的感受和控訴。當你準備好了，請用下這些話（或你自己的話）結尾：

我準備好接受你之前的所做所為。當時你做了自認為正確的事。我原諒你，並且澈底放過我自己。

你的_____

你現在的感覺如何？

你還想原諒哪些人？也寫一封信給他們。你也想原諒自己嗎？也寫一封信給自己吧。

這個練習主要是為了你而準備。如果你願意，也可以把信寄給想原諒的對象，並且和對方聊聊過去發生在你身上的事。

省思過去

你從回顧過去的旅程歸來，停下來思考了一下。是否想起了美妙的時光？有沒有感到自己變堅強了？還有沒解決的問題嗎？想通了哪些事情呢？

打造

未來的你

?

聽到「未來」兩個字，
你有什麼感覺？

#16

你的願望清單

好處：

知道自己真實的願望，並且分辨出自己真正的渴望。

你想要朝哪個方面發展？應該讓什麼人事物參與你的人生？哪些事情應該改變或是維持現況？

雖然不必把願望清單寄給聖誕老公公，但是這個練習和接續練習的目的都大同小異。一開始，你會意識到自己的願望，然後思考實現的可能性。

你可以設立一個明確的目標、擬訂一份計畫，或是直接執行。

動起來，願望也會跟著來

?

你希望有一天能實現
心中的哪個願望？

你對以下生活層面有哪些期許和願望?

健康

社會責任

愛情與伴侶關係

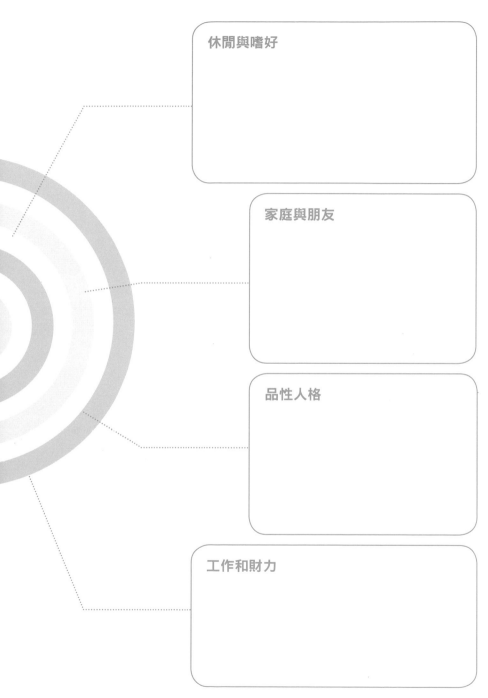

休閒與嗜好

家庭與朋友

品性人格

工作和財力

#17

好戲開演！

好處：
找到自己的願景以及每日想要的感受。

想像你是個劇作家，可以預先設定好明天的腳本。
如果可以不必考量金錢和時間，你理想中的一天會
是什麼模樣？

當你在這個練習中規劃出理想的明天時，就會找到
每日生活時想要的感覺；想要往什麼方向前進，此
刻起要把哪些東西驅逐出生活，都會清晰地浮現在
你的腦海裡。

做完這個練習後，你有可能會感到難過，因為你還
沒有得到夢想中的生活。如果是這樣，請告訴自
己，追逐夢想的過程比實現夢想來得更珍貴。

抵達旅行目的地不會帶來快樂，
旅行的經過和旅伴才會。

?

如果可以，你想在哪部電影的
世界裡活一天呢？

凌晨十二點至中午十二點

幾點醒來？

醒來的地點？

一個人醒來嗎？

用三個字形容起床後的感受。

起床後做的第一件事？

早餐吃什麼？

穿什麼樣的衣服？

那裡的天氣如何？

如何度過上午時間？

和現實世界的上午有什麼不同？

午餐吃什麼？有甜點嗎？

中午十二點至午夜十二點

如何度過下午？

中間吃了什麼點心？

今天靠什麼工作賺取收入？

晚餐吃什麼？

晚上安排了什麼活動？

睡前做了什麼事？

今天哪件事讓你感到最開心？

你做了什麼事讓別人開心？

用三個字形容你睡前的心情。

在這理想的一天裡，你感覺到了什麼？

請寫下最深刻的感覺：

1

2

3

4

5

6

為了能讓這些感覺延續到今天，你可以做些什麼？

#18

快樂的回憶

好處：

給自己的生活指引出新的方向，意識到自己想成為什麼樣的
人。

這個練習和死亡沒有太大關係，而是在談活著。

想像你逐漸步入老年，回顧你的人生並計畫身後
事。回想著和重要的人一起經歷過的一切，他們喜
歡你的地方，想像如果他們還在，會在你的葬禮上
對你說些什麼。

不要懊悔人生中的遭遇，
你只是學到了一課。

?

如果生命只剩下一個月，
你想做什麼？

你想活到幾歲？

想在這個世界上留下什麼？

你在工作上或是個人最大的成就是什麼？

你的葬禮上應該播放哪首歌？

在下一個人生裡，你有什麼任務？

生命中重要的人對你的回憶

家人：

你們共同經歷過最棒的事？

他喜歡你哪一點？

他會永遠一直記住你的哪些事？

朋友：

你們共同經歷過最棒的事？

他喜歡你哪一點？

他會永遠一直記住你的哪些事？

#19

通往快樂的道路

好處：

找到新的興趣（或是找回從前忘記的興趣），以及能激勵你的
事。

什麼事能讓你感到樂趣？對你來說，哪些活動不只
是為了打發時間？你內在的星級主廚還沒被發掘？
或許是下一個出名的登山好手？還是另一個完全不
同的身分？

不變的道理：傾注熱情做的每一件事都會給生活帶
來樂趣。你偶爾會在其中克服挑戰，或者遇到能啟
發你的人。

這個練習列出了各種活動項目。看看你能不能從中
發掘出曾經有過或全新的興趣。

去做能讓帶給你歡樂的事吧。

?

什麼樣的話題能讓你
滔滔不絕講好幾個小時？

請圈出你今天做到欲罷不能、吸引你或是想嘗試的活動。

運動項目

足球	騎馬	直排輪
籃球	射飛鏢	啦啦隊
手球	慢跑	帆船
排球	體操	衝浪
健身運動	田徑	壁球
跳舞	健行	滑水
攀岩	騎腳踏車	格鬥
下棋	摔角	柔術
滑板	拳擊	跆拳道
雜技	滑雪	獨木舟
跳床	單板滑雪	踩船
桌球／網球	空手道	跑酷
保齡球	立槳	橄欖球
（迷你）高爾夫	柔道	美式足球
游泳	（冰上）曲棍球	棒球
撞球	滑冰	水球

音樂類

唱歌	園藝	閱讀
打節拍	雕刻	拼圖
節奏口技	裁縫	看電影
聽音樂	裝飾	看影集
彈吉他	木工	生物駭客[1]
打擊樂器	下廚	催眠
彈鋼琴	烘培	
打鼓		## 創造力活動
吹笛子	## 放鬆活動	塗鴉
拉小提琴	瑜伽	繪圖
吹小喇叭	冥想	學語言
	釣魚	演戲
## 手工藝	編織	攝影
DIY	三溫暖	拍攝影片
手工小物	散步	社群媒體
陶藝	按摩	

---

1. 透過穿戴裝置監督飲食
   或睡眠狀態。

還有、還有、還有……

和朋友聊天	玩股票	露營
討論會	購物	搭帳篷
政治	遊樂園	騎士節
社會服務	尋寶遊戲	打獵
社交活動	星座	動畫
永續議題	變魔術	日本漫畫
多人遊戲	蒐集物品	騎機車
電子競技	連環漫畫	汽車
角色扮演	開派對	旅行
跳傘	看電影	看紀錄片
滑翔翼	聽音樂會	釀啤酒
家庭電影院	慶典活動	玩模型
品嘗美食	科學研究	舞台劇
試飲美酒	參觀展覽	開鎖遊戲
養寵物	流行時尚	走繩
養魚	自然科學	調酒
	寫程式	放風箏

你是哪一種類型？

- [ ] 運動員
- [ ] 藝術家
- [ ] 享樂派
- [ ] 手作派
- [ ] 熱心公益
- [ ] 獨來獨往

你目前最常從事哪些興趣或投入哪些活動？

你想要嘗試什麼新鮮事，或是重拾舊興趣？

1

2

3

#20

拉這個世界一把

好處：

創造出刻骨銘心的幸福感，因為你可以為他人的生活盡一份心力，連帶讓自己的生活變得更好。

你覺得自己哪裡不足？哪些事讓你完全提不起勁，因而想要改變？

如果你找到自己在乎的東西，並能為他人的生活帶來確實的改變時，就會感到無比的滿足。看看這個練習的內容能否納入你未來的計畫。

對別人好，也是對自己好。

?

如果可以，你想改變世界上哪些事？

當前讓你煩心的事？

家裡

你的周圍

全世界

想到什麼方法能用來改善你的家庭和他人的生活？

問題	方法

#21

無條件的愛

好處：

因為把別人的生活變好了，你感到難以言喻的滿足。

看見別人因為你無私的付出，眼裡閃爍出喜悅的光芒，這種感覺無價。這個練習的目的正是要發掘這種感覺。

試想你身邊的三個人，思考他們面臨的困境或是他們的心願，同時想想你能怎麼幫助他們。

付出不求回報。

?

你收過最棒的禮物是什麼？

A 人

寫下你身邊三個人的名字。

①

②

③

B 困境

記錄這三個人遇到的難題。

思考提示：他們當前遭遇到最大的問題？

C 願望

記錄這三個人的願望。

思考提示：他們一心一意想達成的事？

D 方法

記錄能幫助這三個人的方法。

思考提示：你能做什麼來減輕他的壓力？

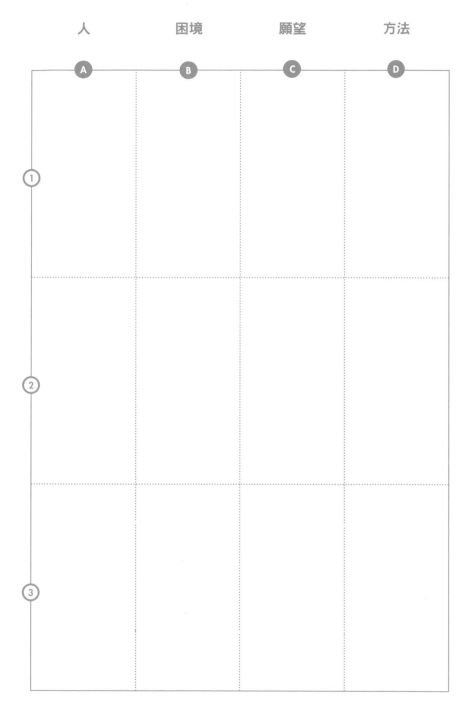

人　　　　困境　　　　願望　　　　方法

A　　　　B　　　　C　　　　D

① ② ③

127

#22

有方向就有終點

好處：

制定人生道路上推動你不斷前進的目標。

成為足球達人、快樂地工作或是年底前減重五公斤：每個人的目標不盡相同，你的也一定不一樣。

這個練習正是訂下自己的目標。你可以擬定執行計畫，評估可能會出現哪些阻礙，怎麼克服阻礙。

然後，千萬別忘記付諸實行。

唯有自己才知道什麼對自己最好。

?

你想要戒掉哪些壞習慣？

你追求的目標　　　　　　　　**你的計畫**

1

2

3

可能遇到的阻礙　　　　　克服阻礙的方法

省思未來

往新的方向前進，為自己在乎的事再加把勁；嘗試不曾做過的
事，或是改變做事的規矩或是生活方式。你想做什麼呢？從關於
未來的練習單元裡，你得到哪些能改善現階段生活的靈感？

不同層面的思考練習

好處：

更加認識自己，無論是看待自己、面對生活或整個世界，你將
培養出新的觀點並鞏固你的信念。

首先，用你自己的方式冥想片刻，讓腦袋裡的想法
停下來。可以選擇練習中的任一主題，然後寫下你
的想法。

幾個詞彙、句子或是畫一個概念圖，型式不拘，只
要是你所想的都可以。

想法無限，你也是。

?

你真正想要的是什麼？

現在寫下你的想法：

健康

金錢

愛情

友誼

奢侈消費

家庭

職涯

興趣

社群媒體

消遣娛樂

和平議題

自由議題

幸福

你的人生

感恩的事

居家

踏上冒險的旅程

好處：

懂得獨處，累積了寶貴的經驗，自信心也跟著提升。

經過不斷的反思，發掘了自己的想法之後，現在就
要將想法結合行動。這就是人家常說的向外拓展，
把觸角伸向世界。這個練習就是要讓你體驗微冒
險，盡情享受吧！

停止計畫，開始冒險。

?

你曾經做過最瘋狂的事是什麼？

走進你最喜歡的餐廳，從菜單上點幾道好吃的菜。

（提示：把自己打扮一番，彷彿你第一次跟某人吃飯）

吃飯時感受到的幸福程度？有幾顆星？

從中理解到自己的哪些面向？
腦中浮現什麼想法？

在社區裡散步

（提示：感受一下你以前從未覺察過的事）

散步時感受到的幸福程度？有幾顆星？

從中理解到自己的哪些面向？
腦中浮現什麼想法？

去電影院看一場電影，要搭配玉米片或爆米花。

（提示：專注地觀賞電影，思考影片所要傳達的訊息）

看電影時感受到的幸福程度？有幾顆星？

從中理解到自己的哪些面向？
腦中浮現什麼想法？

為所愛的人準備一份專屬的禮物

（提示：問問自己，是什麼讓你們在一起？一份共同回憶？一首歌？或是某種性格特質？）

散步時感受到的幸福程度？有幾顆星？

從中理解到自己的哪些面向？
腦中浮現什麼想法？

今天去一個陌生的地方，當一名
觀光客。

（提示：或許只是你生活圈裡某一條特別的街道，那裡
也能拓展你的視野）

觀光時感受到的幸福程度？有幾顆星？

從中理解到自己的哪些面向？
腦中浮現什麼想法？

做一件你覺得奢侈的事

（建議：可能是理髮廳的額外服務、去三溫暖，或是點
一杯高價調酒）

享受這些事情時所感受到的幸福程度？有幾顆星？

從中理解到自己的哪些面向？
腦中浮現什麼想法？

觀賞日出或日落

（提示：找一個讓你放鬆的地方）

看著太陽時感受到的幸福程度？有幾顆星？

從中理解到自己的哪些面向？
腦中浮現什麼想法？

搭火車出發，在感覺對的地方下車，看看能在那個地方發現些什麼？

（提示：相信自己會在那裡發現美好的事物）

在過程中感受到的幸福程度？有幾顆星？

從中理解到自己的哪些面向？
腦中浮現什麼想法？

發現或做一件當季的活動

（提議：在冬天堆雪人、在春天採花朵、在夏天吃冰淇淋，或是在秋天撿落葉）

在過程中感受到的幸福程度？有幾顆星？

從中理解到自己的哪些面向？
腦中浮現什麼想法？

給自己做三道菜，
想像星級廚房在你家。

（提示：除了吃飯，也要享受煮飯的經過）

在過程中感受到的幸福程度？有幾顆星？

從中理解到自己的哪些面向？
腦中浮現什麼想法？

替自己錄一段影片，舉出未來六個月裡你想改變的一到三件事情。六個月後再看一次這段影片。

（提示：記得在手機行事曆裡設定提醒）

在過程中感受到的幸福程度？有幾顆星？

從中理解到自己的哪些面向？
腦中浮現什麼想法？

選一個地方安靜地坐十分鐘，
觀察你的呼吸。

（提示：遠離身邊的各種干擾，也可以選擇播放音樂）

在過程中感受到的幸福程度？有幾顆星？

從中理解到自己的哪些面向？
腦中浮現什麼想法？

清理數位垃圾。刪除對你不再有意義的照片、影片、聊天紀錄、檔案或是手機裡的應用程式。

（提示：從現在起關閉手機的即時提醒，降低被打擾的次數）

在過程中感受到的幸福程度？有幾顆星？

從中理解到自己的哪些面向？
腦中浮現什麼想法？

播放你最愛的曲子，跟著哼唱和舞動身體，澈底釋放負面情緒。

（提示：找一個能讓你開心和獨處的空間）

在過程中感受到的幸福程度？有幾顆星？

從中理解到自己的哪些面向？
腦中浮現什麼想法？

接下來的時間都不再碰手機，做一點對你有益的事。

（提示：找出不需要用到電子產品的活動）

在過程中感受到的幸福程度？有幾顆星？

從中理解到自己的哪些面向？
腦中浮現什麼想法？

清理衣櫃，整理出你不會再穿的衣服拿去丟掉。

（提示：可以捐出這些衣服、賣掉或是送人）

在過程中感受到的幸福程度？有幾顆星？

從中理解到自己的哪些面向？
腦中浮現什麼想法？

你辦到了！

這就是你和自己的第一次約會。你認識了自己、發現自己從未顯露過的一面，可能也讓以往的你再度重現。

如果你還想要多一點的反思和練習，我們邀請你追蹤我們的FB（No Drama Club）、IG（no.drama.club）。

追蹤我們不是為了購物消費，而是為了蒐集靈感，讓你越來越了解自己。

www.nodramaclub.de

和自己約會之後，緊接著最關鍵的問題……

你要跟隨你的心嗎？

☐ 當然要

☐ 我不要

☐ 我想想

筆記

筆記

國家圖書館出版品預行編目資料

一個人的約會：敲擊心靈、吐露願望、建立美好關係的24個書寫練習/湯
姆・鮑伯西恩(Tom Bobsien)著；楊婷湞譯. -- 初版. -- 臺北市：商周出版：
英屬蓋曼群島商家庭傳媒股份有限公司城邦分公司發行, 2023.10
  面；　公分. -- (Live & learn；119)
  譯自：Das Date mit dir selbst
  ISBN 978-626-318-739-9 (平裝)

  1.CST: 自我實現 2.CST: 生活指導

177.2   112008968

線上版讀者回函卡

一個人的約會：敲擊心靈、吐露願望、建立美好關係的 24 個書寫練習
Das Date mit dir selbst

作　　　者／湯姆・鮑伯西恩Tom Bobsien
譯　　　者／楊婷湞
責 任 編 輯／余筱嵐

版　　　權／林易萱、吳亭儀
行 銷 業 務／林秀津、周佑潔、賴正祐
總 編 輯／程鳳儀
總 經 理／彭之琬
事業群總經理／黃淑貞
發 行 人／何飛鵬
法 律 顧 問／元禾法律事務所　王子文律師
出　　　版／商周出版
　　　　　　台北市104民生東路二段141號9樓
　　　　　　電話：(02) 25007008　傳真：(02)25007759
　　　　　　E-mail：bwp.service@cite.com.tw
　　　　　　Blog：http://bwp25007008.pixnet.net/blog
發　　　行／英屬蓋曼群島商家庭傳媒股份有限公司 城邦分公司
　　　　　　台北市中山區民生東路二段141號2樓
　　　　　　書蟲客服服務專線：02-25007718；25007719
　　　　　　服務時間：週一至週五上午09:30-12:00；下午13:30-17:00
　　　　　　24小時傳真專線：02-25001990；25001991
　　　　　　劃撥帳號：19863813；戶名：書蟲股份有限公司
　　　　　　讀者服務信箱：service@readingclub.com.tw
　　　　　　城邦讀書花園：www.cite.com.tw
香港發行所／城邦（香港）出版集團有限公司
　　　　　　香港灣仔駱克道193號東超商業中心1樓；E-mail：hkcite@biznetvigator.com
　　　　　　電話：(852) 25086231　傳真：(852) 25789337
馬新發行所／城邦（馬新）出版集團 Cite (M) Sdn. Bhd.
　　　　　　41, Jalan Radin Anum, Bandar Baru Sri Petaling, 57000 Kuala Lumpur, Malaysia.
　　　　　　Tel: (603) 90563833　Fax: (603) 90576622　Email: service@cite.my

封 面 設 計／徐璽設計工作室
排　　　版／芯澤有限公司
印　　　刷／韋懋印刷事業有限公司
總 經 銷／聯合發行股份有限公司
　　　　　　電話：(02)2917-8022　傳真：(02)2911-0053
　　　　　　地址：新北市231新店區寶橋路235巷6弄6號2樓

■2023年10月31日初版　　　　　　　　　　　　Printed in Taiwan
定價380元

城邦讀書花園
www.cite.com.tw

作者　湯姆·鮑伯西恩Tom Bobsien

二〇〇〇年出生，漢堡年輕企業家，熱愛足球和旅行。十八歲那年就在全德國四處遊歷，獨立開設工作坊，設計的「尋找自我」課程廣受歡迎。經過一段長途旅行後認知到，人生最重要的答案只能在自己身上尋找，於是決定寫書，分享自己發明的練習。

譯者　楊婷湞

德國教育系博士班，從事語言翻譯和教學工作。譯有《謝謝生命中的討厭鬼》、《媽媽的情緒練習》、《喚醒心中的白狼》、《觸動人心，非暴力溝通的27個練習》、兒童繪本《說出來沒關係》、《傷心的鱷魚艾菲》、《瑞士黑幕》等書。